Made in the USA
Las Vegas, NV
21 September 2022

55714716R00125